MW01706201

© Éditions Fleurus 1989
Dépôt légal avril 1989 - N° d'édition 89008
Imprimé en Italie
3ème impression - S.C.

VIVE LA LECTURE

histoire vraie

Maman est débordée

Texte :
Claude Clément

Images :
Isabelle Maquet

FLEURUS ENFANTS

ÉDITIONS FLEURUS, 11, rue Duguay-Trouin 75006 PARIS

Ma maman, elle est plutôt sympa, mais il y a des jours où elle est complètement débordée. Dans ces cas-là, il est préférable de ne pas la contrarier, de s'enfermer dans sa chambre et de se faire oublier. Mais ce n'est pas toujours possible.

Un mercredi matin, par exemple, juste au moment d'aller travailler, Maman s'est aperçue que j'avais de la fièvre et qu'elle ne pouvait pas me mettre au centre aéré. Dans notre quartier, le centre aéré, c'est la même chose que l'école, sauf qu'on fait de la poterie à la place de la lecture et des marionnettes à la place des mathématiques. Maman a téléphoné au médecin, mais il était déjà parti faire d'autres visites. Sa femme a promis que, si elle le voyait, elle lui dirait de venir m'examiner avant ce soir. En attendant, Maman est bloquée à la maison toute la journée pour me garder.

Maman a téléphoné aussi à son patron pour l'avertir qu'elle ne viendrait pas aujourd'hui.
Elle lui a expliqué un truc très compliqué d'heures à rattraper pour avoir son mercredi libre, étant donné qu'elle a trois enfants, un mari et un chat.
Je ne crois pas qu'il ait très bien compris. La preuve, c'est que Maman m'a dit, d'un air désolé, qu'il comptait plutôt sur elle le mercredi suivant pour remplacer Madame Bachou qui est tout le temps grippée.
Enfin, pour cette fois, Maman est restée avec moi et j'étais très contente.

A ce moment-là, ma grande sœur Lily est passée en coup de vent dans le salon. Elle s'est mise à fouiller dans le sac de Maman et celle-ci a remarqué qu'elle portait un jean avec la veste de son tailleur blanc préféré. Elle a commencé à protester mais Lily a décrété qu'elle n'avait plus le temps de se changer et qu'elle était en retard parce qu'elle ne retrouvait plus sa carte orange. C'est une carte de transport qu'on paye pour tout le mois et Maman n'aime pas tellement qu'on la perde ! Ce jour-là, elle n'a pas eu le temps de se fâcher parce que Lily est partie avant qu'elle ne se mette en colère.

Pour se calmer, Maman a décidé d'aller prendre une douche. Et c'est là qu'elle s'est aperçue que mon frère Vincent avait décidé de faire un élevage de grenouilles dans la baignoire. Maman s'est mise à crier.

Mais Vincent a protesté, en disant que les grenouilles sont des animaux passionnants et qu'il les étudiait en cours de biologie. Côté études, mon frère, ce n'est pas vraiment un champion. Aussi, pour une fois qu'il s'intéressait à quelque chose, Maman a préféré ne pas trop le contrarier et elle lui a simplement dit de mettre ses grenouilles dans le petit lavabo qui se trouve dans les toilettes.

Maman était enfin sous la douche lorsque le facteur a sonné.

La pauvre est allée lui ouvrir en peignoir de bain. Elle s'est mise tout de suite à lire deux lettres recommandées. D'habitude, ce sont plutôt des lettres qui annoncent de mauvaises nouvelles. A mon avis, Maman n'aurait pas dû les ouvrir. La première venait de la responsable de la cantine de mon école qui l'avertissait que, si elle oubliait un jour de plus de payer la facture de mes repas, on ne me donnerait plus rien à manger. La seconde était écrite par l'ordinateur de la Sécurité sociale qui la prévenait qu'à sa connaissance elle n'a pas de fils de huit ans.

Pendant ce temps-là, Vincent jouait au gardien de but sur le lit des parents et je dois dire qu'il était très difficile de penser qu'il n'existait pas !

Là-dessus, Mamie a téléphoné. Elle a demandé de quelle couleur elle devait choisir la laine du pull qu'elle voulait tricoter à Lily. Maman a eu beau lui dire que Lily ne portait jamais ses pull-overs parce qu'elle préférait toujours ceux des autres, Mamie a insisté. Elle a bavardé de tout et de rien pendant plus de trois quarts d'heure.

Maman commençait à s'enrhumer dans son peignoir humide quand la voisine du dessus est venue lui confier ses jumeaux pour pouvoir faire son jogging. A partir de là, Maman n'a plus risqué d'avoir froid. Elle n'a pas arrêté de galoper dans tout l'appartement derrière les jumeaux.

Entre-temps, l'aide ménagère est arrivée. Mais elle n'a même pas voulu commencer à travailler. Elle a dit que ce n'était plus la peine. Elle venait de gagner une jolie petite somme au Loto et son mari avait décidé de prendre sa retraite, sur la Côte d'Azur.

Cette fois, j'ai bien cru que Maman allait faire une dépression. La maison était tout en désordre, les jumeaux venaient de faire pipi sur le canapé et j'ai pensé qu'il serait bien de lui changer les idées. Alors, je lui ai dit que j'avais perdu une dent de lait depuis plus de deux jours et que la petite souris n'était pas encore passée. Maman devait être très énervée parce qu'elle m'a dit que la petite souris n'existait pas. J'avais des doutes, mais ça m'a tout de même fait un choc ! Alors Maman s'est mise à pleurer en disant que c'était un mensonge, que la petite souris existait mais qu'elle avait peur de notre chat Zigomard.
C'est alors qu'on s'est aperçu que

le chat, justement, avait disparu !
Il avait profité de la venue de
la voisine pour se sauver sur
le palier. D'habitude, il fait
une crotte sur le paillasson de

madame Truchot ou bien
il s'introduit en douce chez
monsieur Crapu dès que celui-ci
entrouvre sa porte pour nous
espionner.

Monsieur Crapu n'aime ni les chats, ni les enfants. La semaine dernière, il a remis un papier à la concierge en disant que c'était une pétition pour renvoyer tous les chats et les enfants de l'immeuble. On a tout de suite compris qu'on était visés. Mais la concierge a déchiré le papier ! Pourtant, on ne peut pas dire qu'elle aime tellement les enfants. La preuve, c'est que chaque fois que l'ascenseur tombe en panne, Lily, Vincent et moi, on sent bien qu'elle nous soupçonne de nous amuser à appuyer, n'importe comment, sur tous les boutons.

EN PANNE

Pour en revenir à Zigomard, il s'est contenté de poser sa crotte sur notre paillasson. Maman s'est dépêchée de le nettoyer pendant que la voisine ramenait ses jumeaux chez elle.

Le calme a semblé revenir vers midi. On venait juste de se mettre à table quand Tante Marion est arrivée pour s'inviter à déjeuner. Mais Maman n'avait pas la tête à écouter toutes ses histoires de cœur. Un peu vexée, Tante Marion a fait remarquer à Maman
que son boucher s'était payé sa tête et qu'il lui avait certainement vendu du steak d'éléphant au prix du filet de bœuf.

Vincent a déclaré que, dans ces

conditions, il n'y toucherait pas parce que c'est un crime de massacrer une espèce en voie de disparition. Maman a eu beau lui jurer que Tante Marion plaisantait, elle a été obligée de lui faire des pâtes.

Tante Marion est partie à son rendez-vous avec son dernier amoureux et, après avoir mis le lave-vaisselle en route, Maman a dû croire qu'on allait être tranquilles. Mais quelqu'un a de nouveau sonné à la porte. C'était la présidente de l'association des parents d'élèves du quartier. Elle demanda si Maman n'aurait pas le temps de tenir un stand à la kermesse samedi prochain.

Alors là, je me suis dépêchée de répondre que, samedi prochain, ce n'était pas possible : j'ai invité huit copains et copines pour mon anniversaire et on a absolument besoin de Maman pour faire le goûter et organiser des jeux.

Je ne comprends pas pourquoi Maman s'est effondrée dans un fauteuil. Lorsque le médecin est arrivé, je n'avais plus de fièvre. Il a dit que ça n'avait pas dû être bien grave mais qu'il fallait que Maman se repose.
Le soir, quand Papa est rentré en amenant son ami Pierre-Marie à dîner, Maman était déjà couchée. Alors, il a proposé de nous inviter tous au restaurant. Lily, Vincent et moi, on était plutôt contents...

Le lendemain, je suis allée à l'école et Maman est retournée au bureau.
Mais Vincent avait des boutons partout ! C'est Papa qui s'en est occupé. Par moments, on dirait qu'il est débordé, lui aussi. Mais je parlerai de lui une autre fois...

ECOLE

Les as-tu lus ?

VIVE LA LECTURE
histoire vraie
Maman est débordée
Claude Clément / Isabelle Maquet
FLEURUS ENFANTS

VIVE LA LECTURE
histoire vraie
Le professeur est en colère
Claude Clément / Christel Desmoinaux
FLEURUS ENFANTS

VIVE LA LECTURE
l'Histoire est vraie
Baby-sitter de choc
Claude Clément / Christel Desmoinaux
FLEURUS ENFANTS

VIVE LA LECTURE
histoire vraie
Papa fait un régime
Claude Clément / Christel Desmoinaux
FLEURUS ENFANTS

VIVE LA LECTURE
histoire vraie
Un déjeuner mouvementé
Claude Clément / Christel Desmoinaux
FLEURUS ENFANTS

VIVE LA LECTURE
l'Histoire est vraie
Des vacances pas tristes
Claude Clément / Mérel
FLEURUS ENFANTS

VIVE LA LECTURE
l'Histoire est vraie
Drôle de plombier
Claude Clément / Christel Desmoinaux
FLEURUS ENFANTS

VIVE LA LECTURE
l'Histoire est vraie
Grand-mère est un clown
Claude Clément / Gabriel Luer

VIVE LA LECTURE
l'Histoire est vraie
Papa n'aime pas les chats
Claude Clément / Nadine Soubrouillard
FLEURUS ENFANTS

VIVE LA LECTURE
l'histoire est vraie
Super Mamie
Claude Clément / Gabriel Luer

VIVE LA LECTURE
l'histoire est vraie
Génial ! l'anniversaire de Juliette
Claude Clément / Christel Desmoinaux

VIVE LA LECTURE
l'histoire est vraie
Le chien de personne
Claude Clément / Yves Lequesne

VIVE LA LECTURE
l'histoire est vraie
Quel malheur ! un enfant bricoleur
Claude Clément / Christel Desmoinaux

VIVE LA LECTURE
l'histoire est vraie
Tante Lili est extra
Jacqueline Pierre / Bernadette Landais

VIVE LA LECTURE
l'histoire est vraie
Tonton catastrophe
Claude Clément / Christel Desmoinaux

VIVE LA LECTURE
l'histoire est vraie
Julia n'en rate pas une !
Claude Clément / Christel Desmoinaux

VIVE LA LECTURE
l'histoire est vraie
Maman a peur des souris
Claude Clément / Bernadette Landais

VIVE LA LECTURE
l'histoire est vraie
Panique dans l'ascenseur
Christel Desmoinaux

Les as - tu lus ?

VIVE LA LECTURE
l'histoire est vraie
La classe de neige
Claude Clément / Gabriel Luer

VIVE LA LECTURE
l'histoire est vraie
Un Dimanche très agité
Claude Clément / Christel Desmoinaux

VIVE LA LECTURE
l'histoire est vraie
Qui va nous garder ?
Claude Clément / Christel Desmoinaux

VIVE LA LECTURE
l'histoire est vraie
Vive la colo !
Claude Clément / Christel Desmoinaux